おはなしドリル　人のからだのおはなし　低学年

もくじ

1 かみの毛《け》は、どのようにのびるの？

かみの毛《け》は、草《くさ》や木《き》のように、ゆっくりと少《すこ》しずつのびています。どのくらいの間《あいだ》に、どのくらいずつのびると思《おも》いますか。三日《みっか》でだいたい一《いち》ミリメートルくらい、一《いっ》か月《げつ》で一《いっ》センチメートルくらいのびています。

草《くさ》や木《き》と同《おな》じように、かみの毛《け》も、ねっこからえい*ようをすってのびています。かみの毛《け》のねっこは、頭《あたま》のかわのすぐ下《した》にあります。ねっこの形《かたち》は、玉《たま》ねぎににています。自分《じぶん》のぬけたかみの毛《け》を見《み》てみましょう。小《ちい》さな玉《たま》ねぎのようなねっこが見《み》られるかもしれませんよ。

かみの毛《け》のえいようは、血《ち》です。ねっこのすぐ下《した》には細《ほそ》いけっ*かんがあって、そこからえいよう

❶ かみの毛《け》は、㋐三日《みっか》で、㋑一《いっ》か月《げつ》で、それぞれどのくらいのびますか。

㋐（　　）

㋑（　　）

❷ かみの毛《け》のねっこは、どこにありますか。

（　　）

❸ かみの毛《け》のねっこの形《かたち》は、何《なに》ににていますか。

読《よ》んだ日《ひ》　月《がつ》　日《にち》

たっぷりの血《ち》がはこばれてくるのです。えいようをとって、新《あたら》しいかみの毛《け》ができる分《ぶん》、上《うえ》へおし上《あ》げられて、少《すこ》しずつのびているのです。
一本《いっぽん》のかみの毛《け》のいのちは、三年《さんねん》から五年《ごねん》です。いのちをおえたかみの毛《け》は、自《し》ぜんにぬけます。そして、ぬけたところには、また新《あたら》しいかみの毛《け》が生《は》えてきます。

*えいよう……体《からだ》が元気《げんき》でいたり、大《おお》きくなったりするためにひつようなもの。
*けっかん……体《からだ》の中《なか》を回《まわ》る、血《ち》が通《とお》るくだ。

4 かみの毛《け》のえいようは、どこからはこばれてきますか。合《あ》うほうに○をつけましょう。

（　）ア かみの毛《け》の中《なか》にある細《ほそ》いけっかんから。

（　）イ かみの毛《け》のねっこのすぐ下《した》にある細《ほそ》いけっかんから。

5 一本《いっぽん》のかみの毛《け》のいのちは、どのくらいですか。

（　　　　）

2 耳《みみ》には、どんなはたらきがあるの？

読《よ》んだ日《ひ》　月《がつ》　日《にち》

耳《みみ》には、二《ふた》つのはたらきがあります。

まず、一《ひと》つは、みの回《まわ》りの音《おと》をとらえてかんじるはたらきです。

耳《みみ》のあなのおくにとどいた音《おと》は、「こまく」とよばれるうすいまくをふるわせます。このふるえは、とても小《ちい》さなほねをつたわって、カタツムリのようなうずまきの形《かたち》の「かぎゅう」にとどきます。そして、かぎゅうから「のう」へとつたえられることで、音《おと》をかんじとることができるのです。

もう一《ひと》つは、今《いま》、体《からだ》がまっすぐに立《た》っているか、かたむいているかを、かんじとるはたらきです。

体《からだ》のかたむきをかんじとる場《ば》しょは、「三半《さんはん》きかん」といいます。三半《さんはん》きかんは、カタツムリの

❶ 耳《みみ》のはたらきは、いくつありますか。

□つ

❷ 耳《みみ》のあなのおくにとどいた音《おと》がこまくをふるわせ、のうが音《おと》をかんじとるまでのじゅんになるように、（　）に番《ばん》ごうを書《か》きましょう。

ア（　）かぎゅうにとどく。

イ（　）ふるえが、小《ちい》さなほねをつたわる。

ウ（　）かぎゅうからのうへとつたえられる。

ようなうずまきの形《かたち》のかぎゅうのとなりにあります。三半《さんはん》きかんには、*えき体《たい》がつまっていて、体《からだ》がかたむくと、このえき体《たい》もうごきます。そのうごきがのうにつたわることで、体《からだ》がかたむいているかどうかがわかるしくみになっているのです。

*えき体《たい》……水《みず》やあぶらのように、きまった形《かたち》のないもの。

❸ 体《からだ》のかたむきをかんじとる場《ば》しょを、何《なん》といいますか。

（　　　　　　）

❹ 何《なに》がどうなることによって、体《からだ》のかたむきをかんじとることができるのですか。合《あ》うほうに○をつけましょう。

ア かぎゅうにつたわった音《おと》のふるえが、三半《さんはん》きかんにもつたわることによって。

イ 三半《さんはん》きかんにつまっているえき体《たい》のうごきが、のうにつたわることによって。

3 いきをするのをわすれないのは、なぜ？

もし、いきをするのをわすれてしまったら、わたしたちは生《い》きてはいられません。いきをすったりはいたりすることで、空気中《くうきちゅう》から体《からだ》にひつような「さんそ」をとり入《い》れ、体《からだ》にとっていらなくなった「二《に》さんかたんそ」を体《からだ》の外《そと》に出《だ》しているからです。

はなや口《くち》からすいこんだ空気《くうき》は、むねの中《なか》にある「はい」にはこばれます。はいは、ゴム風船《ふうせん》のようにふくらんだりしぼんだりしながら、さんそをとりこみ、二《に》さんかたんそ

1 いきをすることで、体《からだ》にとり入《い》れているものと、体《からだ》の外《そと》に出《だ》しているものは何《なん》ですか。

㋐体《からだ》にとり入《い》れているもの。
（　　　）

㋑体《からだ》の外《そと》に出《だ》しているもの。
（　　　）

2 空気《くうき》がはこばれる「はい」は、まわりについているきん肉《にく》によって、どんなうごきをしますか。（　）に合《あ》うことばを書《か》きましょう。

読《よ》んだ日《ひ》　月《がつ》　日《にち》

を出《だ》しています。はいは、はいのまわりについている「＊きん肉《にく》」がうごくことでふくらんだりしぼんだりします。

きん肉《にく》に、うごくようにめ＊いれいを出《だ》しているのは、「のう」です。のうには、いろいろなはたらきをする場《ば》しょがあります。わたしたちが算数《さんすう》のもんだいを考《かんが》えたり、走《はし》ったり立《た》ち止《ど》まったりできるのも、のうがはたらいているからです。このうの中《なか》で、はいをうごかすきん肉《にく》にめいれいを出《だ》すのは、夜《よる》も休《やす》まずにはたらく「のうかん」とよばれるところです。そのため、わたしたちが「わすれないようにしよう。」と思《おも》わなくても、いきが止《と》まることはないのです。

＊きん肉《にく》……うんどうにひつような体《からだ》のぶぶん。
＊めいれい……「〜するように」と、言《い》いつけること。

・（　　　　）のように（　　　　）しぼんだりするうごき。

③ いきをするのをわすれないのは、「のう」がどんなはたらきをしているからですか。合《あ》うほうに○をつけましょう。

ア　ねむらずにずっとおきているようにめいれいするはたらき。

イ　はいをうごかすきん肉《にく》に、うごきつづけるようにめいれいするはたらき。

4 「目《め》のさっかく」って、どんなこと？

読《よ》んだ日《ひ》　月《がつ》　日《にち》

水《みず》を入《い》れたコップにストローを入《い》れると、水《すい》めんから下《した》のストローがおれまがって見《み》えることを知《し》っていますか。でも、ストローを水《みず》から引《ひ》き上《あ》げてみるとまっすぐで、本当《ほんとう》はおれまがっていないことがわかります。また、*地《ち》へい線《せん》から出《で》てきたばかりの月《つき》が大《おお》きく見《み》えて、おどろいたことはありませんか。

このように、本《ほん》ものとはちがうように見《み》えることを、「目《め》のさっかく*」といいます。なぜ目《め》のさっかくがおこるのかについては、いろいろな理《り》ゆうが考《かんが》えられています。

つぎの図《ず》を見《み》てください。矢《や》じるしにはさまれたまっすぐのよこ線《せん》が二本《にほん》あります。どちらが長《なが》

❶ 「目《め》のさっかく」のれいとして、どんなことがあげられていますか。二《ふた》つに〇をつけましょう。

ア 水《みず》をすいこんだストローの見《み》え方《かた》。

イ 水《みず》の入《はい》ったコップの中《なか》のストローの見《み》え方《かた》。

ウ 日《ひ》によって形《かたち》がかわる月《つき》の見《み》え方《かた》。

エ 地《ち》へい線《せん》から出《で》てきたばかりの月《つき》の見《み》え方《かた》。

❷ 「目《め》のさっかく」とは、どんなことですか。

く見《み》えますか。

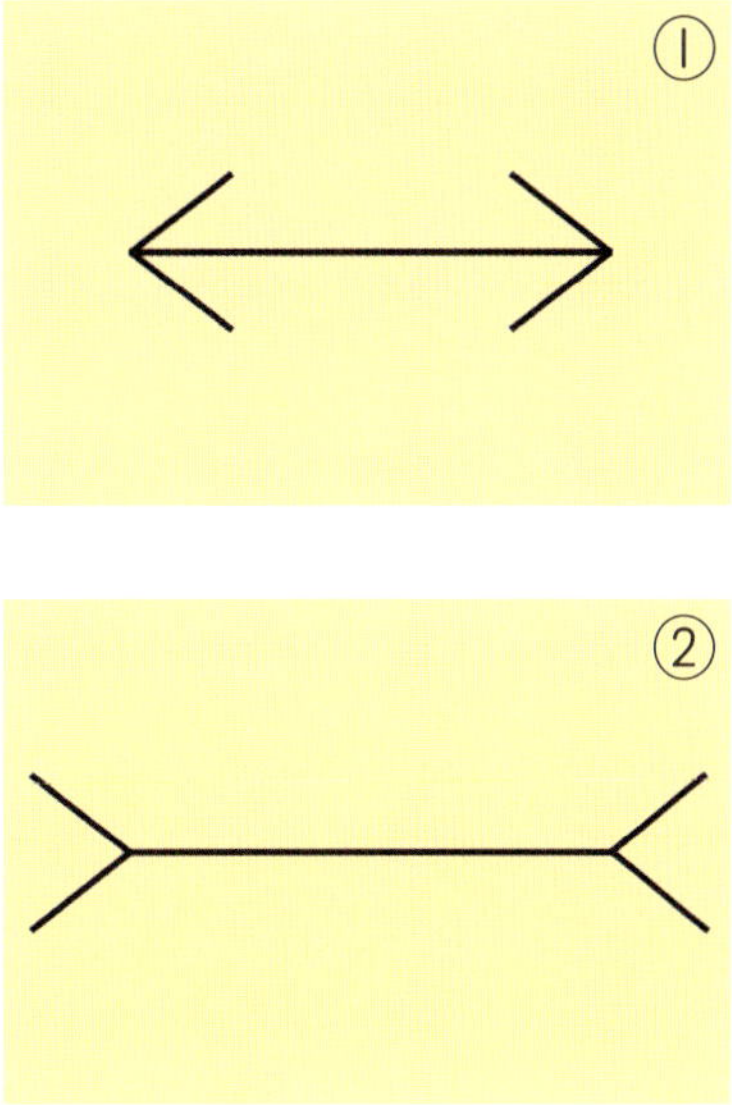

①より②が長《なが》く見《み》えますが、本当《ほんとう》は、二本《にほん》とも長《なが》さはまったく同《おな》じなのです。ところが、「のう」がかんちがいをして、①より②のほうが遠《とお》くにあるようにかんじるため、②のほうが長《なが》く見《み》えてしまうのではないかと考《かんが》えられています。のうは、思《おも》いのほかだまされやすいといえるでしょう。

＊地《ち》へい線《せん》……地《じ》めんと空《そら》のさかいの線《せん》。
＊さっかく……本《ほん》ものとはちがうのに、本当《ほんとう》にそうであるかのように、まちがって思《おも》いこむこと。

❸ 図《ず》①の線《せん》より、②の線《せん》のほうが長《なが》く見《み》えるのは、なぜですか。（　）に合《あ》うことばを書《か》きましょう。

・本当《ほんとう》は、二本《にほん》とも長《なが》さは（　　）だが、「のう」が（　　）をすることで、①より②のほうが（　　）にあるようにかんじるため。

5 親子《おやこ》がにているのは、なぜ？

わたしたち生《い》きものの体《からだ》は、「細《さい》ぼう」とよばれるとても小《ちい》さなつぶが、きまりにしたがって、数多《かずおお》くあつまってできています。また、体《からだ》のつくりには、人間《にんげん》には人間《にんげん》のきまり、ネコにはネコのきまりがあり、体《からだ》を作《つく》るせっ*計図《けいず》として、一《ひと》つ一《ひと》つの細《さい》ぼうの中《なか》にしまいこまれています。

ふつう、どうぶつの赤《あか》ちゃんは、母親《ははおや》のもっている「らん（らん子《し》）」、父親《ちちおや》のもっている「せい子《し》」という細《さい》ぼうが合《あ》わさって、そだちはじめます。らん（らん子《し》）とせい子《し》の中《なか》にも体《からだ》を作《つく》るせっ計図《けいず》がしまいこまれていて、おたがいになかよく半分《はんぶん》ずつせっ計図《けいず》をもちよって、赤《あか》ちゃん一人分《ひとりぶん》のせっ計図《けいず》ができるしくみになっています。

❶ 生《い》きものの体《からだ》は、どんなものがあつまってできていますか。（　）に合《あ》うことばを書《か》きましょう。

・「（　　　　）」とよばれるとても小《ちい》さな（　　　　）。

❷ どうぶつの赤《あか》ちゃんが、母《はは》親《おや》にも父親《ちちおや》にもにているのは、なぜですか。（　）に合《あ》うことばを書《か》きましょう。

読《よ》んだ日《ひ》　　月《がつ》　　日《にち》

このため、生《う》まれてくる子《こ》どもは、母親《ははおや》にもにているし、父親《ちちおや》にもにているのです。

一方《いっぽう》、同《おな》じ親《おや》から生《う》まれたきょうだいには、おたがいににているところと、ちがうところがあります。これは、母親《ははおや》と父親《ちちおや》から、半分《はんぶん》ずつもちよったせっ計図《けいず》のなかみが、少《すこ》しずつちがっているからです。

＊せっ計図《けいず》……どのようにものを作《つく》るのかを、じゅんじょ立《だ》ててかきあらわした図《ず》。

・母親《ははおや》の「（　　　）」、父親《ちちおや》の「（　　　）」の中《なか》にあるせっ計図《けいず》を、なかよく（　　　）ずつもちよるから。

❸ きょうだいには、おたがいににているところと、ちがうところがあるのは、なぜですか。その理《り》ゆうをせっ明《めい》した文《ぶん》の、はじめの六字《ろくじ》を書《か》きましょう。（、も一字《いちじ》に数《かぞ》えます。）

6 ゲームばかりすると、目《め》にわるいのはなぜ？

ゲームばかりしていると目《め》にわるいと、ちゅういされたことはありませんか。ゲームが目《め》にわるいのは、長《なが》い時間《じかん》むちゅうになって、休《やす》まずに目《め》をつかいつづけることで、目《め》がつかれてしまうからです。

目《め》の中《なか》には、レンズがあります。虫《むし》めがねでものを見《み》るときには、見《み》るものを前後《ぜんご》にうごかして、よく見《み》えるようにします。目《め》の中《なか》のレンズも、レンズをうすくしたり、あつくしたりして、よく見《み》えるようにしています。このレンズをうごかすのには、目《め》の中《なか》にある小《ちい》さなきん肉《にく》がつかわれています。

ゲームをするときのように、近《ちか》くを見《み》るときに

読《よ》んだ日《ひ》　月《がつ》　日《にち》

❶ ゲームが目《め》にわるいのは、なぜですか。合《あ》うほうに○をつけましょう。

ア　目《め》をつかいつづけることで、つかれてしまうから。

イ　ゲームは、目《め》をわるくするような、はげしいうごきをするから。

❷ 目《め》の中《なか》のレンズは、よく見《み》えるように、どうしていますか。（　）に合《あ》うことばを書《か》きましょう。

・レンズを（　　　）

は、目《め》の中《なか》にある小《ちい》さなきん肉《にく》をぎゅっとちぢめることで、目《め》のレンズをあつくします。このきん肉《にく》をつかいつづけることで、つかれてしまうというわけです。

また、目《め》は三《さん》びょうから四《よん》びょうに一度《いちど》、まばたきをして、目《め》のひょうめんをなみだでつるつるにします。これは、目《め》がかわくことで、きずがついたり、ほこりやばいきんが入《はい》ったりしないようにするためです。

ところが、つい、ゲームにむちゅうになると、知《し》らない間《あいだ》にまばたきがへってしまいます。そのため、長《なが》い時間《じかん》ゲームをつづけるのは、目《め》にわるいのです。

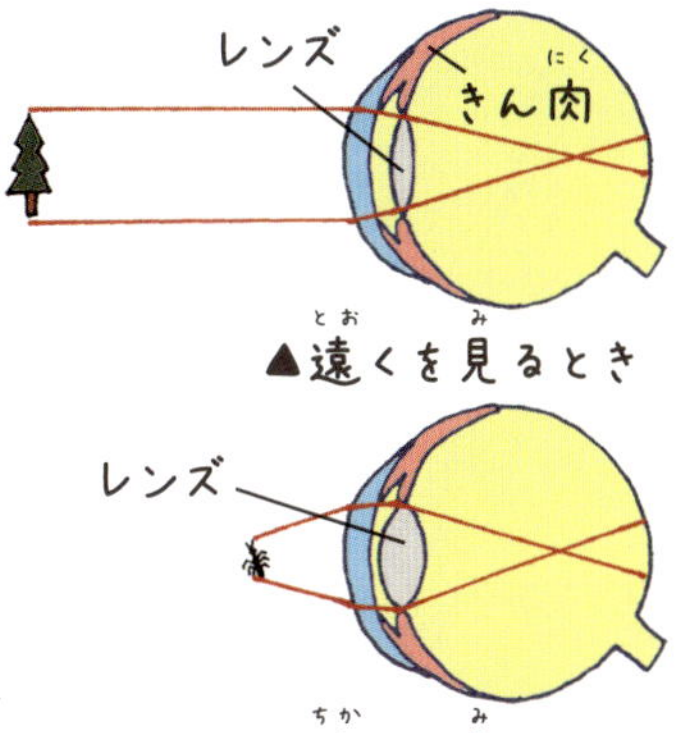

▲遠《とお》くを見《み》るとき

▲近《ちか》くを見《み》るとき

したり、（　　）したりしている。

❸ 目《め》の中《なか》のレンズをうごかすためにつかっているのは、どこにある何《なん》ですか。

〔　　　　〕

❹ ゲームが目《め》にわるいとされるもう一《ひと》つの理《り》ゆうは、何《なに》がへってしまうからですか。四《よ》字《じ》で書《か》きましょう。

7 日《ひ》やけするのは、なぜ？

夏《なつ》の晴《は》れた日《ひ》、お日《ひ》さまの強《つよ》い光《ひかり》をきゅうにたくさんあびると、「ひふ」が赤《あか》くなって、ひりひりといたくなることがあります。これは、お日《ひ》さまの光《ひかり》にふくまれる「し外線《がいせん》」という光《ひかり》によるやけどの一《ひと》つです。ひふをつきぬけて入《はい》ってきたし外線《がいせん》で、ひふのすぐ下《した》にある細《ほそ》い「けっかん」がはれて、赤《あか》くなったりいたみをかんじたりします。

一方《いっぽう》、日《ひ》やけしたときに、ひふが茶色《ちゃいろ》になることもあります。このように茶色《ちゃいろ》になる日《ひ》やけは、し外線《がいせん》からひふをまもろうとするものです。

ひふのひょうめん近《ちか》くには、「メラニン」という茶色《ちゃいろ》のつぶを作《つく》るぶぶんがあつまっています。ひふにし外線《がいせん》が当《あ》たると、このメラニンがたくさ

読《よ》んだ日《ひ》　月《がつ》　日《にち》

❶ ひふが赤《あか》くなる日《ひ》やけは、何《なに》によるやけどの一《ひと》つですか。三字《さんじ》で書《か》きましょう。

❷ ひふが茶色《ちゃいろ》になる日《ひ》やけは、どんなものですか。合《あ》うほうに○をつけましょう。

ア ひふにいたみをかんじるもの。

イ し外線《がいせん》からひふをまもろうとするもの。

ん作《つく》られるようになります。そして、ちょうど日《ひ》＊がさのように、し外線《がいせん》がひふのおくまで入《はい》りこむのを食《く》い止《と》めてくれるやく目《め》をするのです。し外《がい》線《せん》は、こい色《いろ》を通《とお》りぬけることができないからです。

日《ひ》やけしても、しばらくすると、かわがむけて、元《もと》のはだの色《いろ》にもどりますね。それは、新《あたら》しいひふがどんどんできて、日《ひ》やけしたひふと入《い》れかわるからです。

＊日《ひ》がさ……強《つよ》い日光《にっこう》をさけるためにさす、かさ。

❸ ひふのひょうめん近《ちか》くにあつまる「メラニン」は、どんなやく目《め》をしていますか。（　）に合《あ》うことばを書《か》きましょう。

・（　　　）のように、（　　　）がひふのおくまで入《はい》りこむのを食《く》い止《と》めるやく目《め》。

❹ 日《ひ》やけしても、元《もと》のはだの色《いろ》にもどるのは、なぜですか。

【　　　　】

8 体《からだ》がせい長《ちょう》するのは、なぜ？

毎年《まいとし》、しん体《たい》そくていをするたびに、せがのびたり体《たい》じゅうがふえたりしていることでしょう。それは、人間《にんげん》をふくめたすべての生《い》きものは、*せい長《ちょう》するものだからです。

せい長《ちょう》とは、つぎの時《じ》だいの子《こ》どもを生《う》みそだてる体《からだ》になっていくことです。自分《じぶん》の体《からだ》が前《まえ》よりもせい長《ちょう》していることがよくわかるのは、せがのびたり、体《たい》じゅうがふえたりしたときですね。

また、男女《だんじょ》それぞれにちがうせい長《ちょう》のしかたも

読《よ》んだ日《ひ》　月《がつ》　日《にち》

❶ せい長《ちょう》とは、どんなことですか。合《あ》うほうに○をつけましょう。

ア ほかの生《い》きものからみをまもり、生《い》きのびること。

イ つぎの時《じ》だいの子《こ》どもを生《う》みそだてる体《からだ》になること。

❷ 男女《だんじょ》それぞれのせい長《ちょう》に見《み》られるのは、どんなことですか。それぞれあとからえらんで、記《き》ごうを書《か》きましょう。

㋐女《おんな》の子《こ》 □

㋑男《おとこ》の子《こ》 □

あります。たとえば、女《おんな》の子《こ》は、大《おお》きくなるにつれて体《からだ》つきが丸《まる》くなったり、おっぱいがふくらんだりします。一方《いっぽう》、男《おとこ》の子《こ》は、きん肉《にく》がついてたくましくなったり、声《こえ》がひくくなったりします。

このように、体《からだ》がせい長《ちょう》するようにめいれいを出《だ》すのは、「のう」から出《で》ている「せい長《ちょう》ホルモン」です。血《ち》にまじって体中《からだじゅう》にはこばれるせい長《ちょう》ホルモンは、もっと体《からだ》がせい長《ちょう》するように、はたらきかけるのです。せい長《ちょう》ホルモンのはたらきで、さかんにせがのびるのは、だいたい、女《おんな》の子《こ》は十才《じっさい》から十二才《じゅうにさい》、男《おとこ》の子《こ》は十二才《じゅうにさい》から十四才《じゅうよんさい》ぐらいの間《あいだ》です。ただし、せい長《ちょう》のスピードは、一人《ひとり》一人《ひとり》ちがいます。

＊せい長《ちょう》……人《ひと》やどうぶつが、そだって大《おお》きくなること。

ア　せがのびたり、体《たい》じゅうがふえたりすること。
イ　体《からだ》つきが丸《まる》くなったり、おっぱいがふくらんだりすること。
ウ　きん肉《にく》がついてたくましくなったり、声《こえ》がひくくなったりすること。

❸　体《からだ》にせい長《ちょう》するようにめいれいを出《だ》すのは、㋐どこから出《で》ている、㋑何《なん》ですか。

㋐（　　　　）

㋑（　　　　）

9 かぜを引《ひ》くと、ねつが出《で》るのはなぜ？

かぜを引《ひ》いてねつが出《で》ると、だるくなったり、心《しん》ぞうがどきどきしてくるしくなったりしますね。でも、これはかぜを＊引《ひ》きおこす＊原《げん》いんである「ウイルス」が、体《からだ》の中《なか》でわるさをしているからではありません。体《からだ》がねつを出《だ》すことで、わたしたちの体《からだ》が、かぜのウイルスとたたかっているからなのです。

かぜを引《ひ》くのは、口《くち》やはなから、かぜのウイルスが体《からだ》に入《はい》りこんでくるからです。すると、ウイルスをやっつけるために「めんえき細《さい》ぼう」というものがあらわれます。めんえき細《さい》ぼうは、「体《たい》おんを上《あ》げるように。」という合図《あいず》を出《だ》します。これが「のう」の、体《たい》おんを上《あ》げるはたらきをする

読《よ》んだ日《ひ》　月《がつ》　日《にち》

❶ かぜを引《ひ》いたときにねつが出《で》るのは、なぜですか。合《あ》うほうに〇をつけましょう。

ア　かぜを引《ひ》きおこすウイルスが、わるさをするから。

イ　体《からだ》が、かぜのウイルスとたたかっているから。

❷ かぜのウイルスをやっつけるために、体《からだ》がはたらくじゅんになるように、（　）に番《ばん》ごうを書《か》きましょう。

ア（　）めんえき細《さい》ぼうの合図《あいず》が「のう」につたわる。

ぶぶんにつたわることで、ねつが出《で》るのです。

　ウイルスの多《おお》くは、高《たか》いおんどで元気《げんき》がなくなります。だから、ねつが出《で》ることで、ウイルスをやっつけるめんえき細《さい》ぼうが、たたかいやすくなるのです。

　ただし、ねつが上《あ》がりすぎると、ひどくぐあいがわるくなってしまいます。おもいかぜを引《ひ》いてしまったら、おいしゃさんに行《い》って、みてもらいましょう。

＊引《ひ》きおこす……もんだいやさわぎなどをおこす。
＊原《げん》いん……ものごとがおこるもとになること。

イ（　）体《たい》おんが上《あ》がって、ねつが出《で》る。

ウ（　）めんえき細《さい》ぼうが、体《たい》おんを上《あ》げるように合図《あいず》を出《だ》す。

3 高《たか》いおんどになると、ウイルスの多《おお》くは、どうなりますか。

（　　　　）

4 おもいかぜを引《ひ》いたら、どうするとよいですか。（　）に合《あ》うことばを書《か》きましょう。

・（　　　　）に行《い》って、みてもらう。

10 「のりものよい」がおこるのは、なぜ？

車《くるま》や船《ふね》、ひこうきやゆう園地《えんち》ののりものにのっているうちに、気分《きぶん》がわるくなったり、はいてしまったりすることがあります。これを「のりものよい」といいます。

のりものよいは、どんなときにおこるのでしょうか。それは、のりものにのっているときに、目《め》で見《み》えているゆれと、耳《みみ》でかんじとるゆれとがちがったときにおこると考《かんが》えられています。

耳《みみ》では、耳《みみ》のおくにある「三半《さんはん》きかん」という場《ば》しょで、体《からだ》のゆれやかたむきをかんじとってい

読《よ》んだ日《ひ》　月《がつ》　日《にち》

❶ のりものよいがおこると、どうなってしまいますか。二《ふた》つに○をつけましょう。

ア　ねむくなってしまう。

イ　気分《きぶん》がわるくなってしまう。

ウ　はいてしまう。

❷ のりものよいは、どんなときにおこるのですか。（　）に合《あ》うことばを書《か》きましょう。

・（　　）で見《み》えているゆれと、（　　）でかんじとるゆれとがちがったとき。

ます。でも、この三半《さんはん》きかんでかんじとるゆれと、目《め》で見《み》えているゆれとでは、ちがっていることがあります。そんなとき、「のう」は、目《め》と耳《みみ》の、どちらでかんじとったゆれが正《ただ》しいのかがわからなくなって、*こんらんしてしまいます。そうすると、気分《きぶん》がわるくなり、のりものよいとよばれる*じょうたいになるのです。

のりものよいは、よい止《ど》めのくすりをのむことで、ふせぐことができます。また、てつぼうやマットうんどうをすることで、目《め》で見《み》えるゆれや、耳《みみ》の三半《さんはん》きかんでかんじるゆれになれて、よいにくくなると言《い》われています。

*こんらん……入《い》りみだれて、まとまりがなくなること。
*じょうたい……ものごとのありさま。ようす。

❸ 体《からだ》のゆれやかたむきをかんじとるのは、耳《みみ》の中《なか》の何《なん》という場《ば》しょですか。

（　　　　）

❹ のりものよいをふせぐには、何《なに》をのむとよいですか。

（　　　　）

❺ ゆれになれて、よいにくくなるために、するとよいのは何《なん》ですか。二《ふた》つ書《か》きましょう。

（　　　　）

（　　　　）

11 うんちが茶色《ちゃいろ》なのは、なぜ？

赤《あか》いすいかを食《た》べても、みどり色《いろ》のピーマンを食《た》べても、白《しろ》いごはんを食《た》べても、出《で》てくるうんちはいつも茶色《ちゃいろ》をしています。これは、なぜなのでしょうか。

食《た》べものは、口《くち》から入《はい》って、「い」や「ちょう」でだんだん細《こま》かくされていき、体《からだ》にえいようと水分《すいぶん》がとり入《い》れられます。のこったかすは、おしりのあなから体《からだ》の外《そと》に出《で》ていきます。これがうんちです。

体《からだ》は、食《た》べものを細《こま》かくしてとり入《い》れやすくす

読《よ》んだ日《ひ》　月《がつ》　日《にち》

❶ 口《くち》から入《はい》った食《た》べものが、体《からだ》の外《そと》に出《で》ていくまでのじゅんになるように、（　）に番《ばん》ごうを書《か》きましょう。

ア（　）体《からだ》にえいようと水《すい》分《ぶん》がとり入《い》れられる。

イ（　）のこったかすが、うんちとして出《で》る。

ウ（　）「い」や「ちょう」で細《こま》かくされる。

❷ うんちは、どのようにして茶色《ちゃいろ》くなるのですか。（　）に合《あ》うことばを書《か》きましょう。

るのをたすけてくれる「しょうかえき」を出《だ》しています。食《た》べものは、口《くち》から入《はい》ると、「食道《しょくどう》」と「い」を通《とお》り、「ちょう」へとむかいます。すると、ちょうの入《い》り口《ぐち》では、あぶらをとかして体《からだ》にとり入《い》れやすくする「たんじゅう」という、しょうかえきが出《で》てきます。たんじゅうは、血《ち》の中《なか》の「赤《せっ》けっきゅう」とよばれる赤《あか》いつぶが、古《ふる》くなってまじっているために、茶色《ちゃいろ》をしています。この茶《ちゃ》色《いろ》いたんじゅうと、食《た》べたものがまじり合《あ》うので、うんちが茶色《ちゃいろ》くなるのです。

*けんこうな人《ひと》のうんちは明《あか》るい茶色《ちゃいろ》で、バナナのような形《かたち》をしています。体《からだ》のぐあいがよくないと、黒《くろ》っぽいうんちや、ころころしたうんちが出《で》たり、げりをしたりします。

*けんこう……体《からだ》や心《こころ》が、すこやかで元気《げんき》なようす。

・「（　　）」の入《い》り口《ぐち》で出《で》てくる「（　　）」というしょうかえきと、（　　）がまじり合《あ》って茶色《ちゃいろ》くなる。

3 けんこうな人《ひと》のうんちは、㋐どんな色《いろ》で、㋑どんな形《かたち》をしていますか。

㋐（　　）

㋑（　　）

12

おならが出《で》るのは、なぜ？

おならは、おしりのあなから出《で》てきますね。なぜ、おならが出《で》るのでしょうか。

おならの元《もと》になるのは、まず、食《た》べものといっしょに口《くち》からのみこんだ空気《くうき》です。この口《くち》からのみこんだ空気《くうき》は、ほとんどが内《ない》ぞうの一《ひと》つである「い」の中《なか》にたまって、げっぷとしてのどから出《で》てきます。でも、ぜんぶがげっぷとして出《で》るわけではありません。のこりの空気《くうき》は、「い」の下《した》にある内《ない》ぞうである「ちょう」を通《とお》って、おしりのあなからおならとして出《で》てきます。

そして、もう一《ひと》つのおならの元《もと》は、ちょうの中《なか》にすんでいる、とても小《ちい》さな生《い》きものである「細《さい》きん」が出《だ》すガスです。ちょうにすむ細《さい》きんを、

読《よ》んだ日《ひ》　月《がつ》　日《にち》

❶ おならの元《もと》になるものとしては、まず、何《なに》がありますか。（　）に合《あ》うことばを書《か》きましょう。

・食《た》べものといっしょにのみこんだ（　　　）。

❷ おならにならずに体《からだ》の外《そと》に出《で》る空気《くうき》は、㋐何《なに》として、㋑どこから出《で》てきますか。

㋐（　　　）

㋑（　　　）

「ちょう内細《ないさい》きん」といいます。ちょう内細《ないさい》きんは、ちょうがえいようをすいとった後《あと》にのこった食《た》べかすを*分《ぶん》かいして、わたしたちのけんこうにかかせない*ビタミンを作《つく》り出《だ》しています。ちょう内細《ないさい》きんが、食《た》べかすを分《ぶん》かいするときには、ガスを出《だ》します。このガスと、食《た》べものといっしょにのみこんだ空気《くうき》が合《あ》わさって、おならになるというわけです。

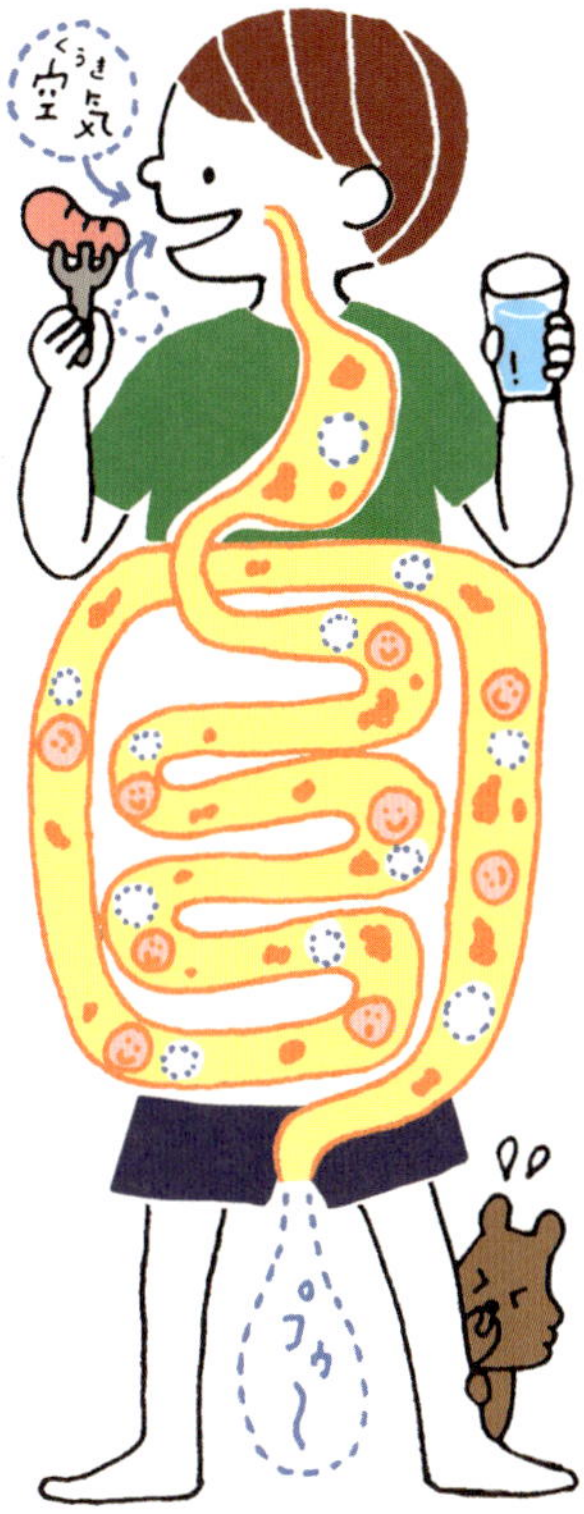

*分《ぶん》かい……まとまったものを、細《こま》かく分《わ》けること。
*ビタミン……体《からだ》にひつようなえいよう分《ぶん》の一《ひと》つ。体《からだ》のいろいろなはたらきをととのえる。

③ ❶のもののほかに、おならの元《もと》になるものとして、何《なに》がありますか。（　）に合《あ》うことばを書《か》きましょう。

・ちょう内細《ないさい》きんが出《だ》す

（　　　　）。

④「ちょう内細《ないさい》きん」は、どんなはたらきをしていますか。二《ふた》つに○をつけましょう。

ア えいようをすいとるはたらき。
イ ビタミンを作《つく》り出《だ》すはたらき。
ウ 食《た》べかすを分《ぶん》かいするはたらき。

13 血《ち》がながれているのは、なぜ？

血《ち》は、わたしたちの体中《からだじゅう》をながれています。

わたしたちの体《からだ》は、「細《さい》ぼう」という小《ち い》さなつぶがあつまってできています。ゆびや目《め》や耳《みみ》のほか、体内《たいない》にある「内《ない》ぞう」や「きん肉《にく》」、そして「のう」も、細《さい》ぼうがあつまってできているのです。

一《ひと》つ一《ひと》つの細《さい》ぼうは、生《い》きつづけるために、いつも「えいよう」と「さんそ」をとりつづけなければなりません。細《さい》ぼうがえいようをつかいおわると、「二《に》さんかたんそ」などのいらなくなったものが出《で》てきます。

血《ち》は、このえいようやさんそ、二《に》さんかたんそなどをはこぶ、＊かもつ船《せん》のようなやくわりをはたしているのです。そして、かもつ船《せん》がすすむ川《かわ》に

読《よ》んだ日《ひ》　月《がつ》　日《にち》

❶ わたしたちの体《からだ》の一《ひと》つ一《ひと》つの細《さい》ぼうが生《い》きつづけるためにとりつづけるものは、何《なん》ですか。二《ふた》つに○をつけましょう。
ア えいよう
イ さんそ
ウ 二《に》さんかたんそ

❷ 血《ち》は、どんなやくわりをはたしていますか。合《あ》うほうに○をつけましょう。
ア えいようやさんそ、二《に》さんかたんそをはこぶやくわり。
イ 心《しん》ぞうをうごかしつづけるはたらき。

あたるのが、「けっかん」です。血《ち》は、けっかんの中《なか》をながれています。そして、このけっかんに血《ち》をおし出《だ》して、血《ち》のながれを作《つく》っているのが、心《しん》ぞうなのです。

心《しん》ぞうは、きん肉《にく》でできていて、朝《あさ》も昼《ひる》も、わたしたちがねている夜《よる》の間《あいだ》も、休《やす》むことなくうごいてはたらいています。手《て》や足《あし》のきん肉《にく》は、うんどうをつづけるとつかれてしまうので、ときどき休《やす》まなければなりません。でも、心《しん》ぞうのきん肉《にく》はとくべつで、わたしたちがいのちをおえるまで、ずっとうごきつづけ、体中《からだじゅう》に血《ち》をおくりつづけてくれるのです。

*かもつ船《せん》……にもつをはこぶための船《ふね》。

❸ ㋐血《ち》と、㋑けっかんを、何《なに》にたとえていますか。□に合《あ》うことばを書《か》きましょう。

㋐ □□□□

㋑ □

❹ 体中《からだじゅう》に血《ち》をおくりつづけるためにうごきつづけているのは、㋐何《なん》ですか。また、㋑それは、何《なん》でできていますか。

㋐（　　）

㋑（　　）

14 血《ち》が赤《あか》いのは、なぜ？

血《ち》には、体《からだ》にとって大切《たいせつ》なはたらきをする三《さん》しゅるいの小《ちい》さなつぶが入《はい》っています。そのつぶのうちの一《ひと》つは、「赤《せっ》けっきゅう」とよばれるものです。血《ち》の中《なか》には赤《せっ》けっきゅうがたくさんふくまれており、これが赤《あか》い色《いろ》をしているために、血《ち》は赤《あか》く見《み》えるのです。

赤《せっ》けっきゅうは、血《ち》の通《とお》り道《みち》であるけっかんをながれて、「さんそ」を体《からだ》のすみずみにはこんでいます。さんそは、「細《さい》ぼう」という、体《からだ》を作《つく》っている小《ちい》さなたくさんのつぶが、生《い》きていくためにひつようなものです。

赤《せっ》けっきゅうには、さんそをかかえる赤《あか》いしき*そがたくさんつまっています。おもしろいことに、

❶ 血《ち》が赤《あか》いのはなぜかについてせつ明《めい》した文《ぶん》の、はじめの五字《ごじ》を書《か》きましょう。

❷ 赤《せっ》けっきゅうは、何《なに》をしていますか。一《ひと》つに○をつけましょう。

ア さんそを体中《からだじゅう》にはこぶ。

イ ばいきんをやっつける。

ウ けがをしたときに、血《ち》を止《と》める。

❸ 赤《せっ》けっきゅうは、つぎのと

読《よ》んだ日《ひ》　月《がつ》　日《にち》

このしきそは、さんそをかかえているときにはあざやかな赤色《あかいろ》をしています。そして、細《さい》ぼうにさんそをわたしおわると、くらい赤色《あかいろ》にかわります。
血《ち》の中《なか》にふくまれるほかの二《ふた》つのつぶは、「白《はっ》けっきゅう」と「けっ小《しょう》ばん」といいます。白《はっ》けっきゅうはばいきんをやっつけるはたらきを、けっ小《しょう》ばんはけがをしたときなどに血《ち》を止《と》めるはたらきをします。けっ小《しょう》ばんは、きず口《ぐち》の切《き》れたけっかんにあつまって、せっちゃくざいのようにかたまることで、きず口《ぐち》をふさぐのです。

＊しきそ……いろいろなものについている、色《いろ》のもとになるもの。

き、どんな色《いろ》をしていますか。

㋐さんそをかかえているとき。
（　　　　）

㋑細《さい》ぼうにさんそをわたしおわったとき。
（　　　　）

4 赤《せっ》けっきゅうのほかに、血《ち》の中《なか》にふくまれるつぶは、何《なん》ですか。二《ふた》つ書《か》きましょう。
（　　　　）（　　　　）

15

ほねは、いくつくらいあるの？

わたしたちの体《からだ》は、「ほね」によってささえられています。頭《あたま》や首《くび》のほね、手《て》のゆびや手首《てくび》のほね、足《あし》のほね、せぼねなど、手《て》でさわると、かたい木《き》のえだのように、体中《からだじゅう》にほねがあることがわかります。じつは、体《からだ》には、ぜんぶで二百《にひゃっ》こくらいのほねがあるのです。でも、おどろいてはいけません。赤《あか》ちゃんのほねの数《かず》はさらに多《おお》く、三百《さんびゃっ》こくらいあるのです。

赤《あか》ちゃんの体《からだ》は、大人《おとな》より小《ち》さいのに、ほねの数《かず》がずっと多《おお》いのは、なぜなのでしょうか。それは、それぞれのほねが、まだしっかりしたかたいほねになっていないからです。赤《あか》ちゃんのほねをよくしらべると、ほねのはしは、まだかたいほね

読《よ》んだ日《ひ》　月《がつ》　日《にち》

1 ほねは、㋐大人《おとな》、㋑赤《あか》ちゃんでは、体中《からだじゅう》にいくつくらいありますか。□に合《あ》う数字《すうじ》を書《か》きましょう。

㋐ □こくらい

㋑ □こくらい

2 赤《あか》ちゃんのほうが、大人《おとな》よりほねの数《かず》が多《おお》い理《り》ゆうをせつ明《めい》した文《ぶん》の、はじめの三字《さんじ》を書《か》きましょう。

□

になりきらない「なんこつ」という、やわらかいほねでできています。このなんこつは、のびながらやがて、となりのほねのなんこつとくっつきます。そして、くっつき合《あ》ったなんこつがだんだんとかたくなり、一本《いっぽん》の大人《おとな》のほねになっていくのです。

たとえば、手《て》のほねがしっかりと大人《おとな》のほねにせい長《ちょう》するのは、女《おんな》の子《こ》が十五才《じゅうごさい》ごろ、男《おとこ》の子《こ》が十八才《じゅうはっさい》ごろです。

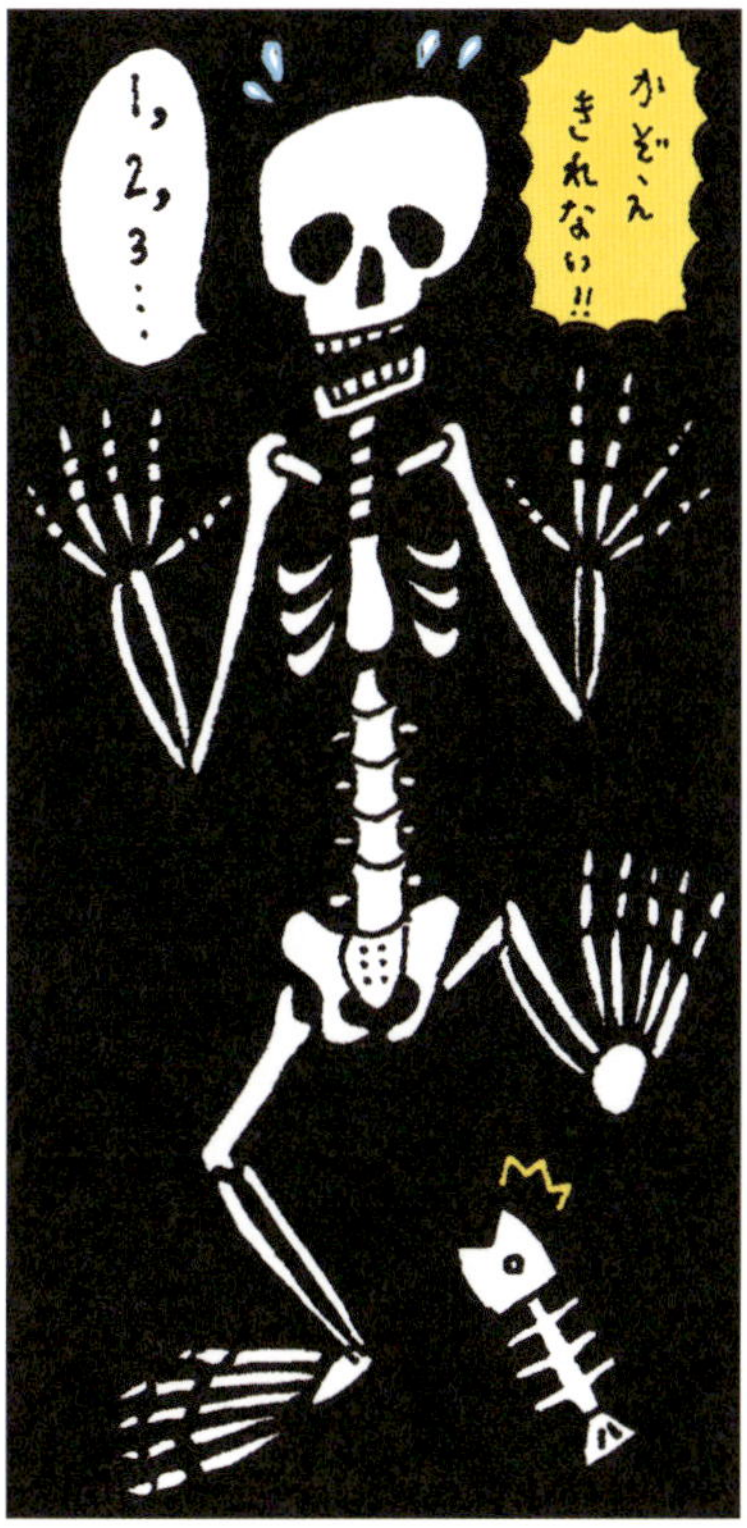

❸ 赤《あか》ちゃんのほねは、どのようになることで、一本《いっぽん》の大人《おとな》のほねになりますか。合《あ》うほうに○をつけましょう。

ア いらないほねがとけてなくなることで。

イ なんこつどうしがくっつき合《あ》い、かたくなることで。

❹ 手《て》のほねが大人《おとな》のほねにせい長《ちょう》するのは、男《おとこ》の子《こ》では何才《なんさい》ごろですか。

（　　）

16 歯《は》がぬけて生《は》えかわるのは、なぜ？

まわりにいる大人《おとな》と、あなたの歯《は》やあごをくらべてみてください。かがみの前《まえ》にならんで見《み》てみるとよいでしょう。どこがちがうと思《おも》いますか。

まず、歯《は》の一本一本《いっぽんいっぽん》の大《おお》きさは、大人《おとな》の歯《は》のほうが大《おお》きいですね。また、歯《は》の生《は》えているあごも、大人《おとな》のほうがずっと大《おお》きいことがわかります。

歯《は》は、体《からだ》がえいようをとりこみやすくするために、食《た》べものをかみくだくはたらきをします。せ

❶ 大人《おとな》と子《こ》どもでは、歯《は》やあごは、どのようにちがいますか。合《あ》うほうに○をつけましょう。

ア 大人《おとな》のほうが小《ちい》さい。

イ 大人《おとな》のほうが大《おお》きい。

❷ 歯《は》は、体《からだ》がえいようをとりこみやすくするために、どんなはたらきをしますか。〔　〕に合《あ》うことばを書《か》きましょう。

・〔　　　　〕はたらき。

読《よ》んだ日《ひ》　月《がつ》　日《にち》

い長《ちょう》するにつれて体《からだ》が大《おお》きくなっていくので、より多《おお》くの食《た》べものを食《た》べて、えいようをとらなければなりません。そのため、口《くち》やあごが大《おお》きくそだったところで、子《こ》どもの歯《は》にかわって、大人《おとな》の歯《は》が生《は》えてくるようになっているのです。

子《こ》どもの歯《は》は「にゅうし」といって、生《う》まれて六《ろっ》か月《げつ》ごろから生《は》えはじめて、二才《にさい》から三才《さんさい》までに生《は》えそろいます。その後《ご》、六才《ろくさい》から七才《ななさい》ごろからにゅうしがぬけはじめ、十二才《じゅうにさい》ごろまでに、「えいきゅうし」とよばれる大人《おとな》の歯《は》が生《は》えそろいます。いちばんおくの四本《よんほん》の歯《は》は、少《すこ》しおそく、十六才《じゅうろくさい》から二十才《にじっさい》ごろまでに生《は》えますが、中《なか》には生《は》えてこない人《ひと》もいます。大《おお》きくなって親《おや》が知《し》らない間《あいだ》に生《は》えることから、この歯《は》は「親知《おやし》らず」とよばれています。

❸ 子《こ》どもの歯《は》にかわって、大人《おとな》の歯《は》が生《は》えてくる理《り》ゆうをせつ明《めい》した文《ぶん》の、はじめの五字《ごじ》を書《か》きましょう。

❹ ㋐にゅうし、㋑えいきゅうし、㋒いちばんおくの歯《は》は、何才《なんさい》ごろまでに生《は》えそろいますか。

㋐
㋑
㋒

17 うでやひざがまがるのは、なぜ？

　あなたの右手《みぎて》のゆびで、まっすぐにのばした左《ひだり》うでのかたとひじの間《あいだ》あたりをつかみ、そのまま左《ひだり》うでをまげてみましょう。うでの「きん肉《にく》」がぎゅっとちぢんでふくらみ、「力《ちから》こぶ」ができましたね。力《ちから》こぶは、ほねにつながっているきん肉《にく》がちぢんで太《ふと》くなってできるものです。

　このように、うでや足《あし》をはじめ、体《からだ》のあちこちをまげることができるのは、ほねについているきん肉《にく》が、ちぢんだり元《もと》にもどったり

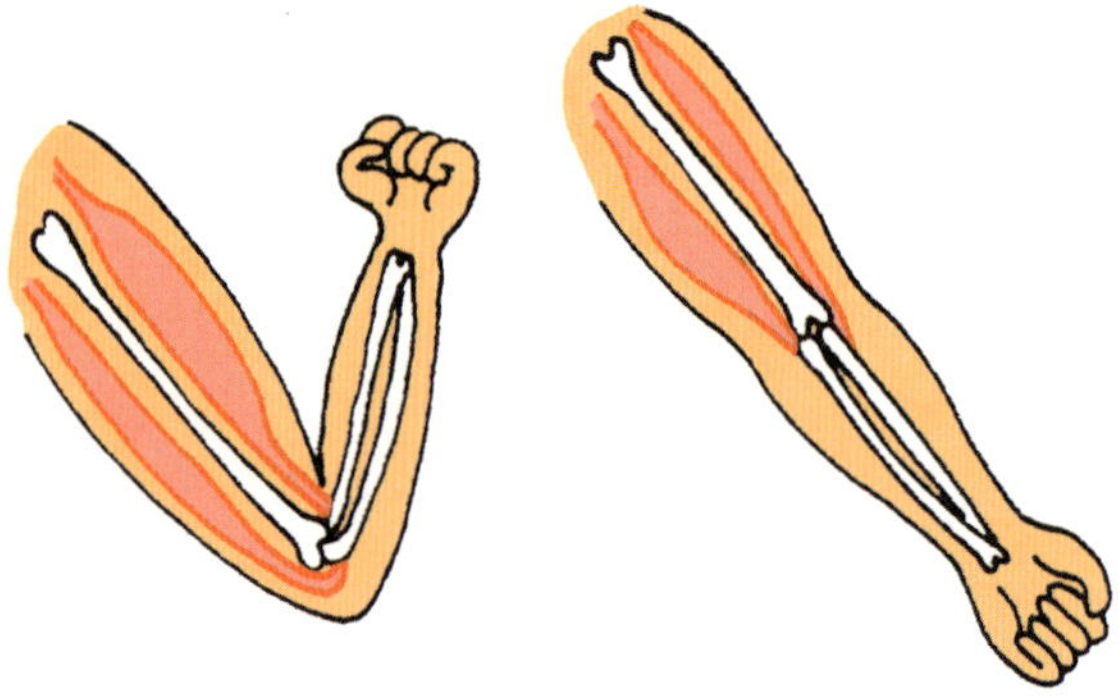

読《よ》んだ日《ひ》　月《がつ》　日《にち》

❶ うでをまげたときに、かたとひじの間《あいだ》にできるきん肉《にく》のふくらみを、何《なん》といいますか。三字《さんじ》で書《か》きましょう。

❷ 体《からだ》のあちこちをまげることができるのは、なぜですか。一《ひと》つに○をつけましょう。

ア　一《ひと》つ一《ひと》つのほねが、自《じ》ゆうにまがるから。

イ　ほねについているきん肉《にく》が、ちぢんだり元《もと》にもどったりするから。

するからです。

「のう」は、このほねについているきん肉《にく》に、「少《すこ》しだけうごけ。」「はやくうごけ。」などと、うごき方《かた》のめいれいを出《だ》します。これによって、手《て》首《くび》やひじ、ひざや足首《あしくび》、首《くび》やこしなど、体《からだ》のあちこちのぶぶんを、自分《じぶん》がまげたいように自《じ》ゆうにまげることができるのです。

では、体《からだ》の中《なか》でいちばん細《こま》かくうごかせるのはどこだと思《おも》いますか。それは、手《て》のゆびです。ゆびの一本一本《いっぽんいっぽん》には、小《ちい》さなほねがたくさんあり、その一《ひと》つ一《ひと》つにきん肉《にく》がついています。のうには、これらのゆびの一《ひと》つ一《ひと》つのきん肉《にく》にめいれいを出《だ》すための、たくさんの場《ば》しょがあることがわかっています。

ウ　ほねについているきん肉《にく》が、ほねからはなれるから。

❸　手首《てくび》やひじなどをまげるように、きん肉《にく》にめいれいを出《だ》すのは、体《からだ》の中《なか》のどこですか。

（　　　　）

❹　体《からだ》の中《なか》で、いちばん細《こま》かくうごかせるのは、どこですか。

（　　　　）

18 はやく走《はし》るには、どうしたらよいの？

あなたが、公園《こうえん》でなかのよい友《とも》だちを見《み》つけて、いそいでかけよったとしましょう。じつは、これだけのうごきでも、体《からだ》は、さまざまなぶぶんを上手《じょうず》につかっているのです。

わたしたちが力《ちから》いっぱい走《はし》るには、たとえば、太《ふと》ももやふくらはぎ、足《あし》のこう、＊足《あし》のうらなど、こしから下《した》のいろいろな「きん肉《にく》」をつかっています。さらに、こしから下《した》だけでなく、二本《にほん》のうでもふっています。これらのたくさんのきん肉《にく》を、みじかい時間《じかん》にじゅんじょよくうごかすために、「のう」がきん肉《にく》にうまくれんらくしているのです。

よくうんどうしていて、のうときん肉《にく》とのれんらくがうまくいっている人《ひと》は、きん肉《にく》をすばやく

読《よ》んだ日《ひ》　月《がつ》　日《にち》

❶ わたしたちが力《ちから》いっぱい走《はし》るとき、こしから下《した》のきん肉《にく》では、たとえば、どこのきん肉《にく》をつかっていますか。四《よっ》つ書《か》きましょう。

（　　　）（　　　）
・　　　・
（　　　）（　　　）

❷ 自《し》ぜんにはやく走《はし》れる人《ひと》とは、どんな人《ひと》ですか。合《あ》うほうに○をつけましょう。

ア　きん肉《にく》が多《おお》くて、体《からだ》つきががっしりしている人《ひと》。

うごかせるので、自《し》ぜんにはやく走《はし》ることができます。けれども、足《あし》があまりはやくない人《ひと》でも、走《はし》ることをくりかえすうちに、だんだんと、のうときん肉《にく》とのれんらくがうまくいくようになって、はやく走《はし》れるようになります。

だから、もっとはやく走《はし》れるようになりたければ、かけっこだけでなく、ボールあそびやおにごっこなどもするとよいでしょう。あそびながら楽《たの》しく走《はし》っているうちに、いつの間《ま》にか走《はし》るれんしゅうになっています。こうしてふだんからよく走《はし》っているうちに、少《すこ》しずつはやく走《はし》ることができるようになるはずです。

＊こう……手《て》のひらや足《あし》のうらのはんたいがわ。

イ　よくうんどうしていて、のうときん肉《にく》とのれんらくがうまくいっている人《ひと》。

❸ はやく走《はし》れるようになるために、するとよいあそびなどを三《みっ》つ書《か》きましょう。

19 おなかがへるのは、なぜ？

「おなかがへった」とかんじるのは、けんこうに生《い》きていくためにひつようなえいようを、ひつようなとき、ひつようなだけ、体《からだ》にとり入《い》れるためです。

おなかがへったことを、どこでかんじていると思《おも》いますか。おなかのまん中《なか》にある「い」のあたりでしょうか。でも、びょう気《き》でいを切《き》りとってしまった人《ひと》でも、「おなかがへった」とかんじるそうです。じつは、わたしたちは、おなかがへったことや、おなかがいっぱいになったことを、「のう」でかんじているのです。

では、なぜ、おなかではなく、のうでかんじるのでしょうか。それは、のうが体《からだ》ぜん体《たい》を見《み》はる

読《よ》んだ日《ひ》　月《がつ》　日《にち》

❶「おなかがへった」とかんじるのは、なぜですか。合《あ》うほうに○をつけましょう。

ア　けんこうに生《い》きるために、できるだけたくさんの食《た》べものを体《からだ》がほしがるため。

イ　けんこうに生《い》きるために、ひつようなときにひつようなだけ、えいようをとるため。

❷「おなかがへった」とかんじるのは、体《からだ》の中《なか》のどこですか。

（　　　　）

やく目《め》をしているからです。のうは、体《からだ》にえいようが足《た》りているかどうかをたしかめます。そして、足《た》りないときには「何《なに》か食《た》べろ。」とめいれいを出《だ》します。

もし、おなかだけからこのめいれいが出《で》るとすると、どうなるでしょうか。おなかには体《からだ》ぜん体《たい》のことはわからないので、食《た》べすぎておなかをこわしたり、太《ふと》りすぎたりしてしまうかもしれません。そうならないために、のうが、体《からだ》ぜん体《たい》を見《み》はっていて、「おなかがへった。」とか「おなかがいっぱいだ。」などと知《し》らせてくれるのです。

❸ ❷の場《ば》しょは、どんなやく目《め》をしていますか。（　）に合《あ》うことばを書《か》きましょう。

・（　　　　）やく目《め》。

❹ 「おなかがへった」と、おなかでかんじないのは、なぜですか。合《あ》うほうに○をつけましょう。

ア おなかには、体《からだ》ぜん体《たい》のことはわからないから。

イ おなかは、食《た》べたものをしょうかするのにいそがしいから。

20 食《た》べたものは、体《からだ》の中《なか》でどうなるの？

口《くち》から体内《たいない》に入《はい》った食《た》べものの通《とお》り道《みち》は、まがりくねった長《なが》いくだになっていて、おしりまでつづいています。

まず、口《くち》から入《はい》った、肉《にく》や魚《さかな》や野《や》さいなどの食《た》べものは、歯《は》でかみくだかれて細《こま》かくなります。

つぎに、細《こま》かくなった食《た》べものは「食道《しょくどう》」を通《とお》って、「い」にむかいます。そして、いの中《なか》で「しょうかえき」というえき体《たい》とまぜられ、おかゆのようにどろどろにされます。その後《ご》、「ちょう」にすすんだ食《た》べものは、ちょうのかべから、えいようとして体《からだ》にとり入《い》れられるのです。

食《た》べたものを、とことん細《こま》かくする理《り》ゆうは、食《た》べもののえいようを、ちょうの内《うち》がわのかべか*

1 口《くち》から入《はい》った食《た》べものが、おしりから外《そと》に出《で》るまでのじゅんになるように、（　）に番《ばん》ごうを書《か》きましょう。

ア（　）いの中《なか》で、しょうかえきとまざる。

イ（　）歯《は》でかみくだかれて細《こま》かくなる。

ウ（　）のこった食《た》べもののかすが、うんちとして出《で》る。

エ（　）ちょうでえいようがとり入《い》れられる。

オ（　）食道《しょくどう》を通《とお》って、いにむかう。

読《よ》んだ日《ひ》　月《がつ》　日《にち》

らとり入《い》れやすくするためです。体中《からだじゅう》にはこばれたえいようは、「きん肉《にく》」や「ほね」などを作《つく》るためにつかわれます。また、体《からだ》をうごかすための力《ちから》にもなります。

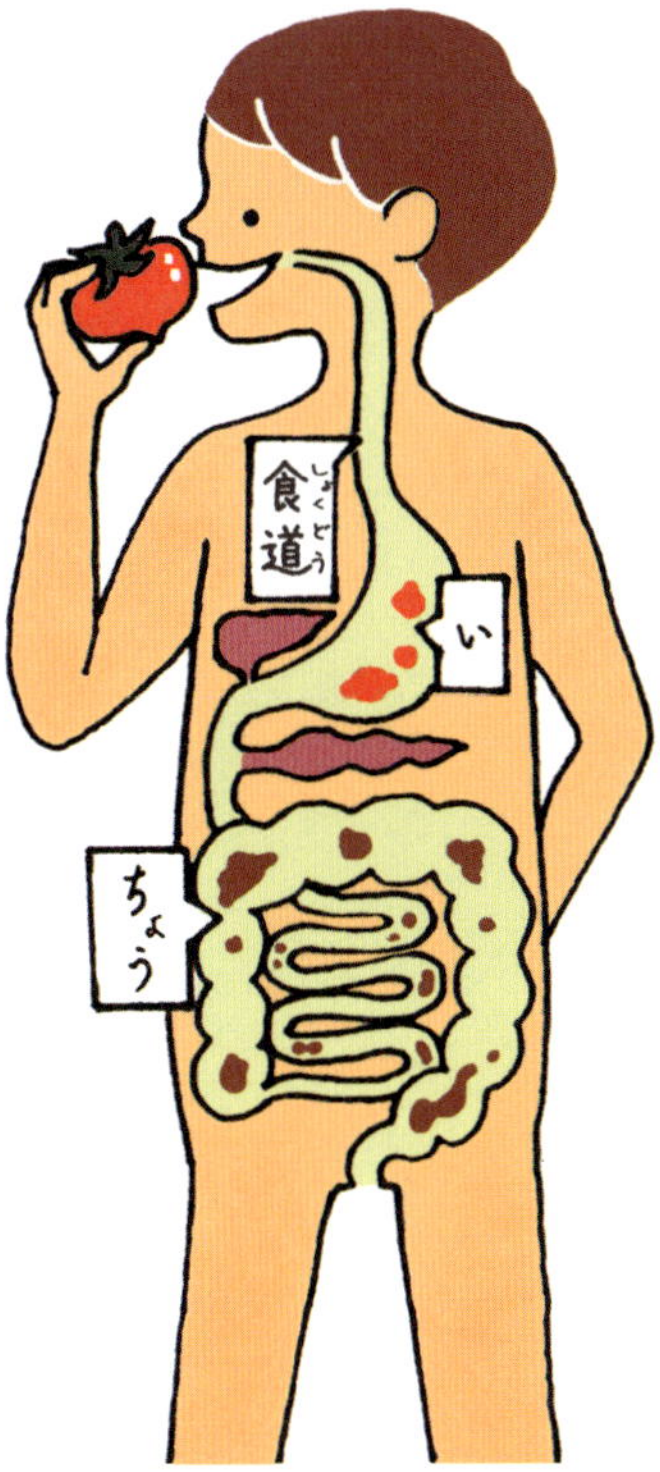

えいようをとり入《い》れたあとの、のこった食《た》べもののかすは、どうなるのでしょうか。これは、ちょうからおしりのあなまでやってきて、うんちとして体《からだ》の外《そと》へ出《で》ます。

＊とことん……どこまでも。

❷ 食《た》べたものを、とことん細《こま》かくするのは、なぜですか。

[　　　　]

❸ 体中《からだじゅう》にはこばれたえいようは、何《なに》を作《つく》るためにつかわれますか。（　）に合《あ》うことばを書《か》きましょう。

・「（　　）」や「（　　）」などを作《つく》るためにつかわれる。

21 野《や》さいを食《た》べないと、どうなるの？

読《よ》んだ日《ひ》　月《がつ》　日《にち》

ときどき、うんちがかたくなったり、何日《なんにち》もうんちが出《で》なくなったりすることはありませんか。そんなときは、おならもくさくなります。これは、野《や》さいぶそく*によっておこります。

肉《にく》やたまごはすきでも、野《や》さいがにが手《て》だという人《ひと》は、多《おお》いのではないでしょうか。でも、野《や》さいには野《や》さいにしかないえいようがあり、やく目《め》があるのです。

新《しん》せんな野《や》さいには、ビタミンやミネラルなど*のえいようがあります。また、「食《しょく》もつせんい」とよばれるものもたくさんふくまれています。食《しょく》もつせんいは、「ちょう」の中《なか》にすんでいる「ちょう内細《ないさい》きん」の、えさになります。ちょう内《ない》

❶ 野《や》さいぶそくによって、どんなことがおこりますか。三《みっ》つに○をつけましょう。

ア　うんちがやわらかくなる。
イ　うんちがかたくなる。
ウ　うんちが出《で》なくなる。
エ　おなかがすくようになる。
オ　おならがくさくなる。

❷ 新《しん》せんな野《や》さいには、どんなえいようがありますか。かたかなで二《ふた》つ書《か》きましょう。

（　　　　）

細《さい》きんは、人間《にんげん》にかかせないビタミンを作《つく》り出《だ》しています。

さらに、野《や》さいの食《しょく》もつせんいは、うんちのりょうをふやしてくれます。だから、野《や》さいを多《おお》く食《た》べる人《ひと》は、野《や》さいぶそくの人《ひと》よりもうんちが出《で》やすくなるのです。

そして、野《や》さいを多《おお》く食《た》べる人《ひと》は、おならも出《で》やすくなりますが、あまりくさくありません。野《や》さいぶそくでうんちが出《で》にくくなって、おなかにガスがたまると、おならがくさくなります。

*ふそく……足《た》りないこと。
*ミネラル……体《からだ》にひつようなえいよう分《ぶん》の一《ひと》つ。

❸「ちょう」の中《なか》にすんでいて、野《や》さいにふくまれる食《しょく》もつせんいをえさにしているのは、何《なん》ですか。

（　　　　　　）

❹野《や》さいの食《しょく》もつせんいがふやしてくれるのは、何《なん》のりょうですか。

（　　　　　　）

22 アレルギーがおこるのは、なぜ？

「食《しょく》もつアレルギー」とは、ある食《た》べものやのみものを口《くち》にすると、ひふが赤《あか》くはれてかゆくなったり、ひどいせきが出《で》てくるしくなったりすることです。なぜ、こうしたアレルギーがおこるのでしょうか。

人《ひと》やどうぶつの体《からだ》には、体内《たいない》に入《はい》ってきたよけいなものをとりのぞこうとする、「めんえき」というはたらきがあります。たとえば、体内《たいない》に、かぜを引《ひ》きおこす「ウイルス」が入《はい》ってきたとします。すると、体《からだ》は、せきやはな水《みず》を出《だ》して、ウイルスを外《そと》に出《だ》そうとします。また、「白《はっ》けっきゅう」は、体《からだ》のねつを上《あ》げることでウイルスとたたかいます。

❶ ある食《た》べものやのみものでる「食《しょく》もつアレルギー」がおこると、体《からだ》がどうなりますか。二《ふた》つ書《か》きましょう。

〔　　　　〕

〔　　　　〕

❷ 「めんえき」とは、どんなはたらきですか。（　）に合《あ》うことばを書《か》きましょう。

読《よ》んだ日《ひ》　月《がつ》　日《にち》

ところが、このめんえきが、はたらかなくてもよいときにまで、はたらいてしまうことがあります。これが、アレルギーとよばれるじょうたいです。めんえきのはたらきが、*本来《ほんらい》はたたかうひつようのない、食《た》べもの、花《か》ふんや細《こま》かいほこり、*金《きん》ぞくなどにむけられてしまうのです。

　アレルギーをかるくしたり、なおしたりする方《ほう》ほうは、いろいろとけんきゅうされていますが、アレルギーを引《ひ》きおこす原《げん》いんとなる食《た》べものなどをさけることも大切《たいせつ》です。

*本来《ほんらい》……もともとそうであること。
*金《きん》ぞく……金《きん》やぎん、どう、てつなど。

・人《ひと》やどうぶつの（　　）に入《はい》ってきたよけいなものを（　　）はたらき。

③ アレルギーがおこるのは、どんなときですか。合《あ》うほうに○をつけましょう。

ア　白《はっ》けっきゅうが、ウイルスとたたかっているとき。

イ　めんえきが、はたらかなくてもよいときにまで、はたらいてしまうとき。

23

うめぼしを思《おも》いうかべると、つばが出《で》るのはなぜ？

つばは、ふつう、食《た》べものをのみこみやすくし、食《た》べものが「ちょう」に入《はい》ったときに、体内《たいない》にとり入《い》れやすくするために出《で》てきます。食《た》べものを口《くち》に入《い》れてあじをかんじると、自《し》ぜんにつばが出《で》てきますね。けれども、何《なに》も食《た》べていないときでも、すきな食《た》べものや、食《た》べたいと思《おも》ったもののことを考《かんが》えただけで、自《し》ぜんにつばが出《で》てくることがあります。これは、なぜでしょうか。

それは、「のう」が前《まえ》に食《た》べたときのあじをおぼえていて、つばを作《つく》って出《だ》す「だえきせん」に、はたらきかけるからなのです。

つばは、大《だい》すきなおかずやケーキのことを思《おも》いうかべたときにも出《で》てきますが、うめぼしやレモ

読《よ》んだ日《ひ》　月《がつ》　日《にち》

❶ つばは、ふつう、何《なん》のために出《で》てきますか。（　）に合《あ》うことばを書《か》きましょう。

・食《た》べものをのみこみやすくし、「ちょう」に入《はい》ったときに、体内《たいない》に

（　　　　　　　　）するため。

❷ 食《た》べもののことを思《おも》いうかべただけで、自《し》ぜんにつばが出《で》てくるのは、なぜですか。その理《り》ゆうをせつ明《めい》した文《ぶん》の、はじめの三字《さんじ》を書《か》きましょう。

ンなどを思《おも》いうかべたときのほうが、もっと出《で》てきます。

では、うめぼしのことを思《おも》いうかべたときに、よりたくさんのつばが出《で》てくるのは、なぜでしょうか。

人間《にんげん》がかんじるあじには、すっぱさ、しおからさ、あまさ、にがさ、うまみなどがあります。この中《なか》で、いちばんよくつばが出《で》てくるのは、すっぱさをかんじたときで、そのつぎがしおからさをかんじたときです。

うめぼしは、すっぱさとしおからさのりょう方《ほう》のあじがあるので、たくさんのつばが出《で》てくるのです。

❸ うめぼしのことを思《おも》いうかべたときに、よりたくさんのつばが出《で》てくるのは、なぜですか。一《ひと》つに○をつけましょう。

ア うめぼしには、すっぱさとにがさのりょう方《ほう》のあじがあるから。

イ うめぼしには、すっぱさとうまみのりょう方《ほう》のあじがあるから。

ウ うめぼしには、すっぱさとしおからさのりょう方《ほう》のあじがあるから。

24

つめたいものを食《た》べすぎると、おなかがいたくなるのはなぜ？

きゅうにつめたい水《みず》の中《なか》に入《はい》ると、体《からだ》がおどろいてかたくなってしまいますよね。つめたいものを食《た》べすぎたときにも、それと同《おな》じようなことがおなかの中《なか》でおこり、おなかがいたくなります。

口《くち》から入《はい》った、食《た》べたりのんだりしたものは、「食道《しょくどう》」を通《とお》って「い」に入《はい》り、細《こま》かくされます。そして、「ちょう」でひつようなえいようや水分《すいぶん》が、とり入《い》れられます。いらないものは、うんちとして体《からだ》の外《そと》に出《で》ます。

夏《なつ》のあつい日《ひ》に、つめたいものを食《た》べると、ひんやりして気《き》もちがよいものです。でも、きゅうに多《おお》くのつめたいものがいの中《なか》に入《はい》ると、いはびっくりして、ぎゅっとちぢまってしまいます。

読《よ》んだ日《ひ》　月《がつ》　日《にち》

❶ きゅうにつめたい水《みず》の中《なか》に入《はい》ると、体《からだ》はどうなってしまいますか。

〔　　　　　　　　〕

❷ きゅうに多《おお》くのつめたいものを食《た》べたとき、まずさいしょにびっくりするのは、体《からだ》の中《なか》のどこですか。一《ひと》つに○をつけましょう。

ア 食道《しょくどう》
イ い
ウ ちょう

このときに、おなかにいたみをかんじることがあるのです。

　また、いがびっくりすると、食《た》べたものを細《こま》かくしないうちに、あわててちょうへおくり出《だ》してしまいます。すると、ちょうもおどろいて、ひつようなえいようや水分《すいぶん》をとり入《い》れないうちに、うんちとして外《そと》に出《だ》してしまいます。このときに、うんちは、げりになるのです。

　げりになったときは、おなかをあたためて、いやちょうをおちつかせ、あたたかいのみものをのんで、水分《すいぶん》を*おぎないましょう。

＊おぎなう……足《た》りないところをつけ足《た》す。

❸ つめたいものを食《た》べて、いがびっくりしたとき、体《からだ》にはどんなことがおこりますか。合《あ》うほうに○をつけましょう。

ア 食《た》べもののえいようや水《すい》分《ぶん》をとり入《い》れないうちに、外《そと》に出《だ》してしまう。

イ 食《た》べたものを細《こま》かくしないうちに、ちょうにおくり出《だ》してしまう。

❹ つめたいものを食《た》べて、いやちょうがびっくりすると、うんちはどうなりますか。

（　　　　）

25 水《みず》に入《はい》ると、ひふにしわができるのはなぜ？

体《からだ》をおおっている「ひふ」は、体《からだ》のおくのほうからおもてへと、生《う》まれたばかりのひふ、せい長《ちょう》したひふ、しんでしまったひふのじゅんにかさなっています。つまり、いちばんおもてにあるひふは、しんだひふです。これは「かくしつそう」とよばれ、しんだひふが、何《なん》まいもおちばのようにおりかさなってできています。

かくしつそうは、どんなやく目《め》をしているのでしょうか。まず、ばいきんが入《はい》りこむのをふせいでいます。また、体《からだ》がとがったものなどにふれたときに、きずがつかないようにまもったり、体《からだ》から水分《すいぶん》が出《で》すぎないようにしたりしているのです。

ところで、おふろやプールに長《なが》く入《はい》っていると、

読《よ》んだ日《ひ》　月《がつ》　日《にち》

❶ 体《からだ》のいちばんおもてにあるひふは、㋐どんなひふで、㋑何《なん》とよばれていますか。

㋐（　　　）

㋑（　　　）

❷ ❶のひふは、どんなやく目《め》をしていますか。三《みっ》つに○をつけましょう。

ア　ばいきんが入《はい》りこむのをふせぐ。

イ　体《からだ》にきずがつかないようにまもる。

手《て》のゆびや足《あし》のうらなどに、たくさんのしわができるのは、なぜなのでしょうか。

それは、ひふのいちばん外《そと》がわのぶぶんにあるかくしつそうが、水分《すいぶん》をすってのびることで、ひふがもり上《あ》がってくるからです。これが、水《みず》に入《はい》ったときにできるしわの正体《しょうたい》です。

手《て》のゆびや足《あし》のうらは、いつも何《なに》かにふれているので、かくしつそうがあつくなっています。そのため、多《おお》くの水分《すいぶん》をすったときにのびやすく、たくさんのしわができるのです。

ウ　体《からだ》にひつような水分《すいぶん》をとり入《い》れる。
エ　体《からだ》から水分《すいぶん》が出《で》すぎないようにする。

3　水《みず》に長《なが》く入《はい》っていると、手《て》のゆびや足《あし》のうらにしわができるのは、なぜですか。（　）に合《あ》うことばを書《か》きましょう。
・かくしつそうが水分《すいぶん》をすって（　　　　）ことで、ひふが（　　　　）くるから。

26 おぼえたことをわすれてしまうのは、なぜ？

せっかくおぼえたのに、何日《なんにち》かたつとすっかりわすれてしまうことがあります。たとえば、三日《みっか》前《まえ》や一週間前《いっしゅうかんまえ》のきゅう食《しょく》のおかずが何《なん》だったか、すぐに思《おも》い出《だ》すのはむずかしいのではないでしょうか。

おこったできごとは、まず、「のう」の中《なか》の、メモちょうにあたるぶぶんに記《き》おく＊され、用《よう》がすんだらわすれてしまいます。だから、少《すこ》し時間《じかん》がたつとすぐにわすれてしまうのです。生《う》まれてからこれまでにおこったできごとのすべてをおぼえていたら、のうの中《なか》がいっぱいになってしまいますよね。のうにとって、わすれることも大切《たいせつ》なはたらきの一《ひと》つなのです。

❶ おこったできごとは、まず、のうのどんなぶぶんに記《き》おくされますか。（　）に合《あ》うことばを書《か》きましょう。

・のうの中《なか》の、

（　　　　　　　　　）

にあたるぶぶん。

❷ のうにとって、わすれることも大切《たいせつ》なはたらきの一《ひと》つなのは、なぜですか。それをせつ明《めい》した文《ぶん》の、はじめの四字《よじ》を書《か》きましょう。

読《よ》んだ日《ひ》　月《がつ》　日《にち》

では、せっかくべん強《きょう》しておぼえたことをわすれないためには、どうしたらよいのでしょうか。

大切《たいせつ》なことは、じゅぎょうでノートに書《か》き、家《いえ》でもおさらいし、テストでまた思《おも》い出《だ》して答《こた》えるというように、くりかえして学《まな》ぶことです。こうして、一度《いちど》ではわすれてしまうことも、何度《なんど》もおぼえようとすることで、ようやく、のうの中《なか》のわすれにくい場《ば》しょにしまわれるようになるのです。

＊記《き》おく……わすれないでおぼえておくこと。また、おぼえたこと。

❸ おぼえたことをわすれないためには、どうすればよいですか。（　）に合《あ》うことばを書《か》きましょう。

・一度《いちど》では（　　　　）しまうので、何度《なんど》も（　　　　）とすること。

27 夜《よる》になるとねむくなるのは、なぜ？

きそく正《ただ》しい生活《せいかつ》をおくっていると、だいたい、夜《よる》、きまった時間《じかん》になるとねむくなってきます。また、朝《あさ》、自《し》ぜんに目《め》がさめて時計《とけい》を見《み》ると、いつもおきる時間《じかん》とほとんど同《おな》じ時間《じかん》なので、ふしぎだと思《おも》ったことはありませんか。

これは、わたしたちの「のう」に、「体内時計《たいないどけい》」とよばれるはたらきが組《く》みこまれているからなのです。体内時計《たいないどけい》は、まるで本《ほん》ものの時計《とけい》のように、*正《せい》かくに時《とき》をきざんでいます。夜《よる》になるとねむくなったり、朝《あさ》、自《し》ぜんに目《め》がさめたりするのは、のうがこの体内時計《たいないどけい》をはたらかせているからなのです。体内時計《たいないどけい》が、体《からだ》に「夜《よる》になった。そろそろねる時間《じかん》だ。」、「朝《あさ》が来《き》た。おきる時間《じかん》だ。」など

読《よ》んだ日《ひ》　月《がつ》　日《にち》

❶ きそく正《ただ》しい生活《せいかつ》をおくっていると、きまった時間《じかん》にねむくなるのは、のうに何《なん》とよばれるはたらきが組《く》みこまれているからですか。かん字《じ》四《よ》字《じ》で書《か》きましょう。

❷ のうは、❶のはたらきによって、体《からだ》にどんなことを知《し》らせていますか。二《ふた》つに○をつけましょう。

ア 前《まえ》の日《ひ》よりも、早《はや》くねようということ。

と、知《し》らせてくれるのです。

体内時計《たいないどけい》は、人《じん》るいがげんし人《じん》だった大《おお》むかしに、日《ひ》が出《で》ると目《め》がさめ、日《ひ》がしずむとねむくなるように、のうに組《く》みこまれてでき上《あ》がったものだと、考《かん》えられています。

今《いま》では、電気《でんき》をつかって、夜《よる》でも昼間《ひるま》のような明《あか》るさにすることができるので、夜中《よなか》にはたらいている人《ひと》もいます。でも、何万年《なんまんねん》も前《まえ》に作《つく》られた体内《たいない》時計《どけい》によって、人間《にんげん》は今《いま》でも、夜《よる》になるとふつう、ねむくなるのです。

*正《せい》かく……正《ただ》しくてまちがいのないこと。

イ　夜《よる》になったので、ねる時《じ》間《かん》だということ。

ウ　朝《あさ》が来《き》たので、おきる時《じ》間《かん》だということ。

エ　ねむいときは、ねたいだけねるとよいということ。

③　①のはたらきは、いつごろでき上《あ》がったものだと考《かん》えられていますか。□に合《あ》うようにそれぞれ書《か》きましょう。

・人《じん》るいがげんし人《じん》だった□□□□。

・□□□も前《まえ》。

28 ねむらなければならないのは、なぜ？

わたしたちは、かならずねむります。なぜ、毎《まい》ばんねむらなければならないのでしょうか。わたしたちがぐっすりとねむっている間《あいだ》、体《からだ》はあまりうごいていません。おきているとき、体《からだ》は一日中《いちにちじゅう》、立《た》ったりすわったり歩《ある》いたり走《はし》ったりして、よくうごいているので、ねむることで体《からだ》を休《やす》ませなければならないのです。

体《からだ》だけではなく、「のう」を休《やす》ませることも大《たい》切《せつ》です。のうは、ねむっている間《あいだ》でも、ゆめを見《み》ているときにははたらいています。でも、おきているときのはたらきとは、ちがっています。

ゆめを見《み》ているときに、のうは、昼間《ひるま》のできごとを思《おも》い出《だ》して、せい理《り》していると考《かんが》えられてい

読《よ》んだ日《ひ》　月《がつ》　日《にち》

❶ 毎《まい》ばんねむらなければならないのは、どことどこを休《やす》ませるためですか。□に合《あ》うことばを書《か》きましょう。

・□と□。

❷ のうは、ねむっている間《あいだ》、どうなっていますか。二《ふた》つに○をつけましょう。

ア　すべての活《かつ》どうをやめて、しっかり休《やす》んでいる。

イ　ゆめを見《み》ることで、昼間《ひるま》のできごとを思《おも》い出《だ》して、せい理《り》している。

ます。

　また、ねむっている間《あいだ》に、のうのあるぶぶんから、「ほね」や「きん肉《にく》」をせい長《ちょう》させるものを出《だ》していることもわかっています。

　せかいには、どのくらいねむらないでいられるかをじっけん*し、十一日間《じゅういちにちかん》もねむらなかった人《ひと》たちがいます。でも、ねむらない日《ひ》がつづくと、いらいらしたり、心《しん》ぞうのはたらきがみだれたりするなど、心《こころ》や体《からだ》のちょうし*がくずれてくることがわかったそうです。

*じっけん……正《ただ》しいかどうかなどについて、ためしてみること。
*ちょうし……ぐあい。ようす。

ウ　ほねやきん肉《にく》をせい長《ちょう》させるものを出《だ》している。
エ　体《からだ》がぐっすり休《やす》めるようにめいれいを出《だ》している。

3　十一日間《じゅういちにちかん》もねむらなかった人《ひと》たちの心《こころ》や体《からだ》のちょうしは、どうなりましたか。（　）に合《あ》うことばを書《か》きましょう。

・（　　　　）したり、（　　　　）がみだれたりした。

29 こわいゆめを見《み》るのは、なぜ？

ゆめを見《み》ている間《あいだ》、わたしたちの「のう」は、おきている間《あいだ》に見《み》たこと、聞《き》いたこと、かんじたこと、考《かんが》えたこと、体《たい》けんしたことなどをせい理《り》していると考《かんが》えられています。のうの中《なか》で、できごとがせい理《り》中《ちゅう》のときには、まるでミキサー*を回《まわ》すようにごちゃまぜになっているそうです。そんなときには、ゆめにもできごとの一《いち》ぶぶんしかあらわれないので、おかしなストーリー*になっていることが多《おお》いものです。

また、このようなせい理《り》しているとちゅうで見《み》るゆめには、朝《あさ》おきたときには少《すこ》しも思《おも》い出《だ》せないものも、たくさんあります。でも、ゆめの内《ない》ようがこわかった場合《ばあい》には、心《こころ》に強《つよ》くのこるので、

読《よ》んだ日《ひ》　月《がつ》　日《にち》

❶ のうは、ゆめを見《み》ることで、どんなことをせい理《り》しているのですか。（　）に合《あ》うことばを書《か》きましょう。

・おきている間《あいだ》に見《み》たこと、（　　）こと、かんじたこと、（　　）こと、体《たい》けんしたことなど。

❷ おかしなストーリーになっているゆめを見《み》るのは、どんなときですか。一《ひと》つに○をつけましょう。

ほかのゆめよりわすれにくくなります。

　こわいゆめを見《み》るのは、つぎのようなときです。まず、体《からだ》のぐあいがわるいときや、何《なに》かなやみがあったり、*ストレスをかんじたりしているときです。それから、へやがあつすぎたり、ベッドがかたすぎたりと、ねるときの*かんきょうがよくないときです。

　ねるときのかんきょうなら、自分《じぶん》でも直《なお》しやすいですね。

*ミキサー……くだものや野《や》さいを細《こま》かくくだいて、ジュースなどを作《つく》るきかい。
*ストーリー……ものがたりやえいがの、話《はなし》のすじ。
*ストレス……外《そと》からのいろいろなしげきが、人体《じんたい》にくわわったときにおこる、よくないはんのう。
*かんきょう……どうぶつやしょくぶつをとりまく、まわりのようすやせかい。

ア　ふかくねむっているとき。
イ　のうの中《なか》で、できごとがせい理中《りちゅう》のとき。
ウ　のうの中《なか》で、できごとがせい理《り》されたとき。

❸ こわいゆめを見《み》るのは、どんなときですか。それをせつ明《めい》した二《ふた》つの文《ぶん》の、はじめの五字《ごじ》をそれぞれ書《か》きましょう。
（、も一字《いちじ》と数《かぞ》えます。）

答えとアドバイス

おうちの方へ
◎解き終わったら、できるだけ早めに答え合わせをしてあげましょう。
◎まちがった問題は、もう一度やり直させてください。

1 かみの毛は、どのようにのびるの？ 2〜3ページ

❶ ㋐一ミリメートル（くらい） ㋑一センチメートル（くらい）
❷ 頭のかわのすぐ下。
❸ （小さな）玉ねぎ
❹ イ
❺ 三年から五年。

【アドバイス】
❺ 髪の毛のサイクルを理解させます。

2 耳には、どんなはたらきがあるの？ 4〜5ページ

❶ ニ
❷ ア…2 イ…1 ウ…3
❸ 三半きかん（「 」があっても正解）
❹ イ

【アドバイス】
❷ 音を感じ取る働きについてです。
❸・❹ 耳のもう一つの働きについて、おさえさせましょう。

3 いきをするのをわすれないのは、なぜ？ 6〜7ページ

❶ ㋐さんそ ㋑二さんかたんそ（それぞれ、「 」があっても正解）
❷ ゴム風船・ふくらんだり
❸ イ

【アドバイス】
❷ 呼吸は、肺で行われていることに注目させましょう。
❸ 脳が命令を出しているから、意識しなくても呼吸し続けられるのです。

4 「目のさっかく」って、どんなこと？ 8〜9ページ

❶ イ・エ
❷ 本ものとはちがうように見えること。
❸ （まったく）同じ・かんちがい・遠く

【アドバイス】
❸ 文章中に示された図をよく見て、お子さんの目にも錯覚が起こっていることを、実際に体験させてください。

5 親子がにているのは、なぜ？ 10〜11ページ

❶ 細ぼう・つぶ
❷ らん（らん子）・せい子・半分
❸ これは、母親

【アドバイス】
❶ 目も指も足も、それぞれが、とても小さな細胞の集まりでできていることを理解させましょう。
❷ 卵（卵子）と精子も、一つの細胞であることを教えましょう。

6 ゲームばかりすると、目にわるいのはなぜ？ 12〜13ページ

❶ ア
❷ うすく・あつく（順不同）
❸ 目の中にある小さなきん肉。
❹ まばたき

【アドバイス】
❹ まばたきの回数が減ると、目が乾燥してしまうことを教えましょう。

7 日やけするのは、なぜ？ 14〜15ページ

❶ し外線
❷ イ
❸ 日がさ・し外線
❹ 新しいひふがどんどんできて、日やけしたひふと入れかわるから。

【アドバイス】
❶・❷ 皮膚が赤くなる日焼けと、茶色になる日焼けの違いに注目させます。

8 体がせい長するのは、なぜ？ 16〜17ページ

❶ イ
❷ ㋐イ ㋑ウ
❸ ㋐のう ㋑せい長ホルモン（それぞれ、「 」があっても正解）

【アドバイス】
❸ 成長ホルモンの働きで身長が伸びる時期は、男女でも個人でも、少し差があることにも注目させましょう。

9 かぜを引くと、ねつが出るのはなぜ？ 18〜19ページ

❶ イ
❷ ア…2 イ…3 ウ…1
❸ 元気がなくなる。
❹ おいしゃさん

【アドバイス】
❶〜❸ 風邪を引いたときに熱が高くなる症状は、体が風邪のウイルスと戦っているから起こるものだということを理解させましょう。

10 「のりものよい」がおこるのは、なぜ？ 20〜21ページ

❶ イ・ウ
❷ 目・耳
❸ 三半きかん（「 」があっても正解）
❹ よい止めのくすり。
❺ てつぼう・マットうんどう（順不同）

【アドバイス】
❸ 乗り物酔いに、体の揺《ゆ》れや傾きを感じ取る耳の働きが関係していることをおさえさせましょう。

11 うんちが茶色なのは、なぜ？ 22〜23ページ

❶ ア…2 イ…3 ウ…1
❷ ちょう・たんじゅう・食べたもの
❸ ㋐明るい茶色。
㋑バナナのような形。

【アドバイス】
❸ 健康でないときの便の状態についても確かめておきましょう。

12 おならが出るのは、なぜ？ 24〜25ページ

❶ 空気
❷ ㋐げっぷ　㋑のど〔口〕
❸ ガス
❹ イ・ウ

【アドバイス】
❶・❸ 口から飲み込んだ空気と、腸内細菌が出すガスの二つが、おならの元になることをおさえさせます。

13 血がながれているのは、なぜ？ 26〜27ページ

❶ ア・イ
❷ ア
❸ ㋐かもつ船　㋑川
❹ ㋐心ぞう　㋑(とくべつな)きん肉

【アドバイス】
❹ 心臓は、私たちが生きている限り休むことなく動き続けることについても、確かめておきましょう。

14 血が赤いのは、なぜ？ 28〜29ページ

❶ 血〔ち〕の中には
❷ ア
❸ ㋐あざやかな赤色。㋑くらい赤色。
❹ 白けっきゅう・けっ小ばん（順不同）
（それぞれ、「　」があっても正解）

【アドバイス】
❹ 赤血球以外の血液の成分についても、どんな働きをしているかを、文章の最後のまとまりで確かめておきましょう。

15 ほねは、いくつくらいあるの？ 30〜31ページ

❶ ㋐二百　㋑三百
❷ それは
❸ イ
❹ 十八才ごろ

【アドバイス】
❶ 骨については、骨格図を見せるなどして、骨が細かく分かれていることを、目でも確認させてください。

16 歯がぬけて生えかわるのは、なぜ？ 32〜33ページ

❶ イ
❷ 食べものをかみくだく
❸ せい長する
❹ ㋐二才から三才（までに。）
㋑十二才ごろ（までに。）
㋒十六才から二十才ごろ（までに。）

【アドバイス】
❸ 「せい長する……」の文を受けて、永久歯が生えてくることを述べています。

17 うでやひざがまがるのは、なぜ？ 34〜35ページ

❶ カこぶ
❷ イ
❸ のう（「　」があっても正解）
❹ 手のゆび。

【アドバイス】
❹ 手の指は、箸を持ったりピアノを弾いたりという、細かい動きが可能です。

18 はやく走るには、どうしたらよいの？　36～37ページ

❶ 太もも・ふくらはぎ・足のこう・足のうら（順不同）
❷ イ
❸ かけっこ・ボールあそび・おにごっこ（順不同）

【アドバイス】
❶ 腰から下の筋肉だけでなく、腕を振るなど、全身を使って走っていることをおさえさせましょう。

19 おなかがへるのは、なぜ？　38～39ページ

❶ イ
❷ のう（「 」があっても正解）
❸ 体ぜん体を見はる
❹ ア

【アドバイス】
❸・❹ 脳は体全体を見張り、命令を出す器官であることを理解させせます。

20 食べたものは、体の中でどうなるの？　40～41ページ

❶ ア…3　イ…1　ウ…5　エ…4　オ…2
❷ 食べもののえいようを、ちょうの内がわのかべからとり入れやすくするため。
❸ きん肉・ほね（順不同）

【アドバイス】
❸ 吸収された栄養は、体を動かすための力になることにも触れておきましょう。

21 野さいを食べないと、どうなるの？　42～43ページ

❶ イ・ウ・オ
❷ ビタミン・ミネラル（順不同）
❸ ちょう内細きん（「 」があっても正解）
❹ うんち

【アドバイス】
❶ 草食動物のほうが、肉食動物よりもふんの量が多く、おならも臭わないことを教えるとよいでしょう。

22 アレルギーがおこるのは、なぜ？　44～45ページ

❶ ひふが赤くはれてかゆくなる。ひどいせきが出てくるしくなる。（順不同）
❷ 体内〔体〕・とりのぞこうとする
❸ イ

【アドバイス】
❸ 免疫が過剰に働いてしまうことで、食物アレルギーだけでなく、全てのアレルギー症状が起こることを理解させます。

23 うめぼしを思いうかべると、つばが出るのはなぜ？　46～47ページ

❶ とり入れやすく
❷ それは
❸ ウ

【アドバイス】
❸ 梅干しの酸っぱさと塩辛さを脳が覚えているために、たくさんのつばが出てくることも、確認させてください。

24 つめたいものを食べすぎると、おなかがいたくなるのはなぜ？ 48〜49ページ

❶ おどろいてかたくなってしまう。
❷ イ
❸ イ
❹ げりになる。

【アドバイス】
❹ 食べ物が、胃でよく消化されないうちに腸に運ばれると、腸でも、消化不良のまま外に出してしまうことを理解させましょう。

25 水に入ると、ひふにしわができるのはなぜ？ 50〜51ページ

❶ ㋐しんだ〈しんでしまった〉ひふ。
㋑かくしつそう（「」があっても正解）
❷ ア・イ・エ
❸ のびる・もり上がって

【アドバイス】
❸ 手の指や足の裏は、角質層が厚いので、特にしわになりやすいのです。

26 おぼえたことをわすれてしまうのは、なぜ？ 52〜53ページ

❶ メモちょう
❷ 生まれて
❸ わすれて・おぼえよう

【アドバイス】
❶ 物事は、まず短期記憶として脳に保存されることを理解させます。
❸ 長期記憶として保存された物事は、簡単には忘れません。

27 夜になるとねむくなるのは、なぜ？ 54〜55ページ

❶ 体内時計
❷ イ・ウ
❸ 大むかし・何万年

【アドバイス】
❸ 人類の体内時計は、太古に作られ、代々受け継がれているものであることを、おさえさせましょう。

28 ねむらなければならないのは、なぜ？ 56〜57ページ

❶ 体・のう
❷ イ・ウ
❸ いらいら・心ぞうのはたらき

【アドバイス】
❷ 脳は、体とは違って、ただ活動を停止させて休むのではなく、睡眠中にも独自の働きをしていることを、理解させましょう。

29 こわいゆめを見るのは、なぜ？ 58〜59ページ

❶ 聞いた・考えた（順不同）
❷ イ
❸ まず、体の・それから、（順不同）

【アドバイス】
❸ 怖い夢の場合、おかしなストーリーの夢であっても、インパクトがあるために、起床後も覚えていることが多いことも、おさえさせましょう。